섬돌에 쉬었다 가는
햇볕 한 자락

섬돌에 쉬었다 가는 햇볕 한 자락

초판 1쇄 발행 2019년 12월 16일

지은이 장오수
펴낸이 장길수
펴낸곳 지식과감성#
출판등록 제2012-000081호

디자인 박예은
편집 이현, 박예은
교정 양수진
마케팅 고은빛

주소 서울시 금천구 벚꽃로298 대륭포스트타워6차 1212호
전화 070-4651-3730~4
팩스 070-4325-7006
이메일 ksbookup@naver.com
홈페이지 www.knsbookup.com

ISBN 979-11-6275-927-1(03810)
값 10,000원

ⓒ 장오수 2019 Printed in Korea

잘못된 책은 구입하신 곳에서 바꾸어 드립니다.
이 책의 전부 또는 일부 내용을 재사용하려면 사전에 저작권자와 펴낸곳의 동의를 받아야 합니다.

이 도서의 국립중앙도서관 출판예정도서목록(CIP)은 서지정보유통지원시스템
홈페이지(http://seoji.nl.go.kr)와 국가자료공동목록시스템(http://www.nl.go.kr/kolisnet)에서
이용하실 수 있습니다. (CIP제어번호 : CIP2019050348)

 홈페이지 바로가기

섬돌에 쉬었다 가는
햇볕 한 자락

장오수 시집

작가의 말

시라니……

돈도 밥도 되지 않고
쓸모도 소용도 없는 이따위에
목을 매는 희귀종이 아직도 있었다니.

낙담과 절망이 횡행하는 이 시대에
이렇게라도 하지 않았다면
달리 무엇을 할 수 있었겠는가.
다만
그것은 다다르고자 함이 아니라 하나의
모색일 따름이니.

한 편의 글을 세상에 내놓는 마음은
언제나 부끄러움이다.

말들이 다 빠져나간 허허로움을
다시 채우기 위해서는
얼마나 많은 또 다른 말들이 필요할까.

시원한 맥주 한 잔이 간절하다.

2019년 겨울 초입
광명에서 장오수

감사의 마음을 담아

아내에게

차례

작가의 말   4

1부 섬돌에 쉬었다 가는 햇볕 한 자락

홍 시   15
이 여사의 여행 준비   16
숙 취   17
섬돌에 쉬었다 가는 햇볕 한 자락   18
풍 문   19
77번 시내버스   20
낮 잠   21
대심문관   22
땡 볕   24
문암송   25
불면증   26
섬   27
목 련   28
여름 한낮   29
시 동냥   30
수건을 접으며   32
카카오톡   34
풍경화   36
겨울 준비   37
뉴타운   38
행자승   39

2부 눈 감아도 보이는 너의 마음

부부 싸움	43
비 오는 날은 수제비를 먹어야 한다	44
광 고	45
나비가 꽃에게	46
네 미소는 꽃을 닮지 않았어	47
눈 감아도 보이는 너의 마음	48
묵은지	49
라파엘로의 아테네 학당	50
동창회	52
신혼은 아름다워	53
신혼은 아름다워 2	54
야간 근무	55
어머니	56
주름살	57
낙 화	58
다시 수건을 접으며	60
죽비 소리	62
학교 앞 산책 길	63
휴일 오전	64
아버지와 소	65

3부 삶의 의미에 대해 답하다

새벽 출근길 69
삶의 의미에 대해 답하다 70
서울 예수의 죽음 71
사랑의 열역학 법칙 72
24시 황소 꼼장어집 73
개 미 74
노루목 75
내가 읽은 책과 세상 76
닫힌 문 78
달팽이의 비애 79
대림동 성모병원 501호 80
마부위침 81
비둘기의 변절 82
백구두 84
아버지 85
아파트 86
엘리베이터 87
작심삼일 88
청첩장 89
편의점 90
휴가 연습 91

1부
섬돌에 쉬었다 가는 햇볕 한 자락

홍시

한 몸 건사하기도 힘든데
자기 허리 휘는 줄도 모르고
그 많은 새끼들 다 끌어안고 사는
늙은 애비

먼저 철든 나라도
입 하나 덜어 줘야지
모두 잠든 새벽
홍시 하나
툭
떨어진다

이 여사의 여행 준비

큰 냄비에 미역국 끓이고
콩나물 김치 황태포 넣고 김칫국 한 냄비를
더 끓였다
밥통에 가득 밥 해놓고
메추리알에 사태살 잘게 찢어
장조림 한 접시
이 정도면 이틀 먹을 수 있으려나

비름나물 한 보시기 더 무쳐서
냉장고 안에 차곡차곡 넣어 놓고
가방 하나 메고 후다닥 문을 나서다가
되돌아와
물이 줄줄 흐르는
음식물 쓰레기봉투 들고 나간다
챙겨 두었던
우산과 비옷은 소파에 동그마니 남았다

숙 취

아침까지도 가시지 않는 두통과 숙취
원형탈모같이 군데군데 잘려 나간 기억들
끈질긴 생명력을 자랑하는 귀소본능은 용케도
껍데기만 남은 육신을 끌고 돌아왔구나

가볍게 한잔으로 시작한 자리는
꼭꼭 숨겨 놓았던 너도나도의 진담들이
토사물처럼 질펀하게 널부러지면서
하염없이 길어졌다
간밤의 그 심각했던 토론 주제들은 뭐였더라

또 무슨 실수라도 한 건 아닐까
후회보다 민망함이 앞서
밥상머리에서 실없는 한마디

황탯국이 시원하네
속이 확 풀리는구만

섬돌에 쉬었다 가는 햇볕 한 자락

그만하면 되었다
그게 어찌 네 탓이랴
비바람에 떨어지고 찢어진 가지에는
더 실한 새싹이 돋아날 테니
고개 숙이며 영글어 가는 수수와 벼를 보며
이제는 조금 쉬어도 좋을 시간

마당에 널어놓은 고추 위로
빨갛게 가을이 익어 가는 오후
돌아볼 무엇이 그리도 남아
떠나지 못하는가
섬돌 위 햇볕 한 자락

아쉬움일랑
엉덩이에 묻은 먼지처럼 툴툴 털어 버리고
사라져 가는 비행운에 몸을 싣고 떠나자
남은 일들은 남아 있는 자들의 몫으로
남겨 두고

풍 문

어둠이 내리면서
술렁거림은 점점 커져 간다
근거 없는 소문과 억측들
산둥반도에서 으르릉대는
맹수들의 뒤섞인 울부짖음에 대한
출처 없는 살생부들이
풍문처럼 떠돈다

950헥토파스칼의 거대한 회오리는
대만 북서쪽 해상에서
열대저압부로 소멸되었다
예보는 빗나가지 않았다
슈퍼컴퓨터의 진로 예측에서
아슬아슬하게 벗어난
하늘이 다만
가을 쪽으로 조금 더 밀려났을 뿐

77번 시내버스

정류장으로 나가면
어떻게 알았는지 저 멀리서 신나게 달려온다
꼬마자동차 붕붕 같은
77번 시내버스

수다쟁이 요양보호사 아줌마는 안 보이네
희끗듬성한 머리로 밭에 가는 아저씨는
운전석 뒷자리가 오늘도 지정석
문 앞에 옹기종기 서있던 학생들
밤일마을 입구로 돌아가면
내릴 손님 옆으로 슬며시 옮겨 선다

아무도 없는 가락골에
잽싸게 내려 주고는
진보라색 뒷모습이 부끄러운가
신호등 바뀌자마자
쏜살같이 고개를 넘어간다

낮 잠

온다
온다
새싹들이 우우우 고개를 내밀고
시원한 옹달샘이 솟아오른다

깜박 졸다 깨어난 꿈 한 조각
백지 위로 어른거리다
사라지고 마는
싯구 한 자락

대심문관

집요하게
결코 포기하지 않고 반복적으로
온몸의 장기를
누르고 훑고 짜내고 비틀고
한 치의 빈틈도 없는
고도로 훈련된 부드러운 손길
어떠한 흔적도 남기지 않는다

기어이 굴복시키고야 말겠다는
결연한 확신마저 감추고 있는
얼굴에는
작은 미소가
잠시 스치고 지나갔을 뿐

차라리 간절함이라 할
이 손길 앞에
저항은 아무 의미 없다
또다시
무참하게 무릎 꿇고

영혼까지 토해 내는

마지막

치약 한 방울

땡 볕

어쩌자고 저기에다 뿌리를 내렸을꼬
시멘트 바닥 틈으로 자라난 민들레를 보고
울화통이 터져
시뻘겋게 달아오른 맨드라미

부질없는 마른천둥에
애기 물결들은
연못 속에 내려앉은 버드나무 가지 사이로
몸을 숨기고
뒷밭 고추들만 붉으락푸르락
미안하지만 어쩌겠는가
나도 살아가야 하니

문암송[1]

와야 오는 것이니
이 또한 기다릴 밖에
바위를 뚫어낸 600년의 기다림

비바람에 꺾인 가지에
눈길 한 번 주지 않는 매정함을 원망하는가
날마다 숙여지는 허리를 다시 곧추세우고
휘어지고 비틀리고 옹이로밖에 내비칠 수 없는 마음이야

백로는 동정호[2]에 노니는데
청학은 언제 돌아오려나
이제는 산까치에게라도 둥지를 내줘야 하는가
한산사 저녁 종소리 고소성을 돌아 넘어가고
메마른 하늘 너머 또 하루가 저물어 간다

---

1. 문암송은 천연기념물 제491호로 지정되어 있는, 경남 하동군 악양면 축지리에 바위를 뚫고 자라고 있는 수령 600여 년 된 소나무이다.
2. 동정호는 경남 하동군 악양면의 들판 가운데 있는 작은 호수로서, 악양면과 이름이 같은 중국 후난성의 악양(웨양)에 있는 동정호의 이름을 따서 지었다.

불면증

다섯 살배기 조카 사탕 빨듯
찬찬히 짚어 가며 아껴 읽었다
마르가리타[1]의 뒷일이 눈에 밟혀
밤새 뒤척이다
새벽 알람보다 먼저 일어난다

까치발로 거실에 나와 책장을 펼치면
마르가리타는 밤새 안녕하였고
내 하루만 저만치서 희뿌옇게
또 밝아 온다

---

1. 미하일 불가코프의 『거장과 마르가리타』의 주인공 이름.

섬

공장 굴뚝도 사라지고
지식산업센터로 후천개벽한
서울 속 끝자락 섬마을 구로공단 너머

수런수런 꿈들이 포근포근 부풀어 오르던 밤에는
담쟁이도 까치발로 기웃기웃 목을 늘이던

안양천 다리 건너 주공아파트 지나
서울특별시립 근로청소년 복지관
미혼여성 아파트
보람채

고층아파트에 빙 둘러싸인
또 하나의 섬
새들도 멀리 외로 돌아 날아가고
녹슬어 잠긴 울타리 넝쿨장미
혼자 피었다 시든다.

목 련

아침 이슬 한 방울 거미줄에 맺힌다
가지가 휘청.

놀란 직박구리 두 마리
푸드득 날며 소리친다

뻥이요!

목련 꽃봉오리
톡. 톡. 톡.
터진다

여름 한낮

새벽부터 부산하던 암탉 조용하고
슬금슬금 눈치 보던 고양이는
평상 밑에 졸고 있다

귀 잡수신 구순 장모님 해바라기 하는 마당에는
햇볕만 가득하고
아무 일도 없는 여름 한낮

집 뒤 영감 산소에
잔디만 더 파래졌다

시 동냥

국민학교 다니던 때던가
동네에서 하숙하던 총각 선생님이
형들에게 들려주던 꽃 이야기를 옆에서 듣다가
머리가 쭈뼛하고 가슴이 콩닥콩닥
그런 이야기를 시라고 한다고
지금 생각해 보니 김춘수의 꽃[1]이었던가 봐

그때부터였을 거야
그 시란 놈에게 마음이 들린 것이

친구였던가 펜팔하던 애였던가가 들려준,
저녁을 먹고 나면 허물없이 찾아갈 친구가 있었으면
좋겠다[2]는
지란지교를 꿈꾸며 라는 예쁜 제목의 글을 읊조리며
혼자 두근댔었고
제대한 선임이 두고 간 정호승의 서울의 예수[3]를 읽으며
벤허를 떠올리기도 했어

그런 시라는 글을 한 줄이라도 써 보고 싶어서
남몰래 써 봐도
글씨는 써지는데 글은 되지 않는 이해할 수 없는
사태들이 벌써 오십 년이 넘었네

아직도 미련을 버리지 못하고
책 주문할 때마다
시집 한두 권씩 끼워 주문해서
오늘도 귀 동냥 눈 동냥
시 동냥

---

1. 김춘수, 「꽃」, 『꽃의 소묘』, 백지사, 1959.
2. 유안진, 「지란지교를 꿈꾸며」, 『지란지교를 꿈꾸며』, 아침책상, 2014.
3. 정호승, 「서울의 예수」, 『서울의 예수』, 민음사, 1984, p.45.

수건을 접으며

덕장에 걸려
여름 한낮 햇볕을 온몸으로 받으며
바짝 말라비틀어진 북어처럼
반으로 접혀 구깃구깃 구석에
수북히 쌓여 있는 수건을
접는다

길게 펴서 쭉쭉 늘이고 쓰다듬는다
올이 나가고 글씨가 지워지고
다 해지도록
땀 한 번 씻어낼 겨를 없이 일만 했구나
모지리같이
자기 몸 상하는 줄 모르고
누구의 땀을 그렇게 닦아 주었을까

끝을 맞추어 반으로 접어
팽팽하게 당겨 가볍게 쓸어 준다
조금씩 털이 살아나고 윤기가 난다
닦아준 것이 어디 땀뿐이랴
눈물도 한숨도

제 한 몸 돌볼 줄 모르고
일만 하는 것은 주인을 꼭 닮았구나
기특하고 안쓰러워
두 번을 더 접어 지그시 눌러 준다
거칠어진 숨을 조금 가라앉히라고

가슴에 꼭 안아서
세면대 위 수납장에 고이 누인다
잠시라도 포근히 쉴 수 있도록

카카오톡

그땐 아마 이런 느낌이었겠지
그때가 늦가을이었든지 눈이 펑펑 내리는 겨울이었든지는
중요하지 않아
캄캄한 밤이었을 테니까
지구를 반 바퀴 돌아
하얀 집들과 지중해가 내려다보이는 산토리니섬 언덕에서
찍은 사진을
함께 못 와서 섭섭하다고 보냈더니
그때까지 너는 잠을 이루지 못하고 있었던가
아니면 연락을 기다리기라도 했던가
난 괜찮아 즐겁게 보내
라는 카카오톡을 곧 보내왔었지

그때도 이런 기분이었을 거야
지금이 가을인지 눈이 펑펑 내리는 겨울인지도
중요하지 않고
밤늦은 비행기로 떠난 네가 보내온
동남아 어느 호텔 수영장에서의 사진과
함께 못 와서 섭섭하다는 카카오톡을 보면서

답장을 쓰다가 지워 버리고
글씨를 복사하고 붙여넣기 해서 보냈어
혹시라도 내 마음이 함께 갈까 봐
감정은 모두 필터로 걸러 내고
사실로 진술된 문장만으로

난 괜찮아 즐겁게 보내

그런데 왜 사실은 없고 감정으로 가득 찬 문장이
전송되었을까

풍경화

탁란하지 못한 뒤늦은 뻐꾸기 소리
산허리 맴돌 때
앵두는 몰래 얼굴을 붉힌다

오늘 밤에도 다시 오시려나

골목 어귀 어둠 사이로
두런두런 돌아오는 아들 며느리 목소리에
쪽마루 서성이던 노모는 방으로 들어가고

손톱만큼 조금 더 자라난 새끼 달
구름 속으로 이울면
창포 내음 싣고 샛바람 불어온다

겨울 준비

여행이 취소되어 갑자기 생긴 시간
남아메리카의 퇴임한 대통령의 전기를 읽으며
밤비행기로 대양을 건너간 그들을 생각했다
밤이 깊어질 무렵
상념은 태평양의 어느 무인도에 불시착하였다

시월 하순까지 기승을 부리던 태풍이 일본 열도로
방향을 틀어 사라지고
기온은 눈에 띄게 차가워진다

창밖에 내놓았던 화분들을 들이고
열어 놓았던 창문도 이제는 닫자
겨울은
사생아를 출산한 미혼모의 흐느낌처럼
숨죽인 채 조용히 다가올 테니

긴팔 겉옷을 한 겹 더 껴입는다

뉴타운

광천목욕탕 문 앞 계단
새벽마실 나온 영감 두엇 앉아 두런두런
교회 뒷집 김씨네는 벌써 이사 갔나 봐
뻐끔 담배만 피워대는 장씨는
한숨만 연신 쉬어댄다

감정평가액이 너무 적게 나왔어
그 돈으로 전세는 택도 없는데
늘그막에 집 한 채 가진 게 죄지
이 나이에 또 어디로 가라는 건지

시세보장 안 해주면 재개발 어림없다
골목 건너 점집에 붙여 놓은 끈 떨어진 현수막은
바람에 덜렁거리고
채 날이 밝지도 않았는데
이삿짐센터 트럭 한 대가 후진 깜박이를 켜고
들어온다

행자승

밤마다 홑이불을 파고드는
다듬잇돌 아래 흐트러진 고무신 한 켤레
어쩌다 산으로 몸을 묻었느냐는
정 많은 보살님네들의 안쓰러움도
터벅한 까치머리로 묵묵히 받았다

어깨에 멘 물통은
왜 이다지 무거운가
부지런을 떨어 아침공양 다 드리면
그제사 돌탑 끄트머리쯤 걸리는
해만 무심타

큰 스님의 도포자락은
바람 스치듯
오늘도 공양간을 한 바퀴 휘돌다 갔으니

2부

눈 감아도 보이는 너의 마음

부부 싸움

초저녁 베갯머리 등 맞대고
홱 돌아눕더니

문틈 사이로 스며드는
바람이 차가웠나

새벽녘엔 어느새
꼭 끌어안고 잠들어 있다

비 오는 날은 수제비를 먹어야 한다

저녁 TV에서
수제비 만들어 먹는 걸 보고
우리도 내일 수제비나 해 먹을까
황태로 다시물 내고
감자랑 애호박 듬성듬성 썰어 넣고
수제비 뚝뚝 떼 넣어
호호 불면서 한 입 어때?

수제비 먹을 때는 비가 와야 제맛인데
밀가루 반죽하는 아내가 자꾸만 하늘을 본다
양파 까고 감자 다듬고 황태포도
냄비 물에 올렸다

여보 비 온다!
정말?
반죽 치대는 아내 손이 빨라진다

광 고

초코파이 하나를 아내에게 건넨다
웬 초코파이야?

(말하지 않아도 알아요)

자기도 같이 먹자
아내도 초코파이 하나를 건네며
싱긋 웃는다

(초코파이는 정입니다)

나비가 꽃에게

너만 생각하면 왜 이리 가슴이 떨릴까
널 보면 함박웃음이 저절로 나와
쓰다듬고 안아 주고 뽀뽀해 주고 싶어
쪼-옥 쪽 쪽

헤어져 돌아오다가도
다시 보고 싶어 되돌아가
네 곁을 하늘하늘 맴돌곤 해
네 향기 가슴속에
오래오래 새겨 두고 싶어서

네 미소는 꽃을 닮지 않았어

웃는 모습이 해바라기를 닮았다는 말이 너무
좋아서
해바라기 그림을 그리다가
지금은 해바라기를 키우며 행복하게 살고 있다는
텔레비전 인간극장 주인공

네 미소도 꽃처럼 예쁜데
무슨 꽃을 닮았는지 생각이 안 나
동그랗게 활짝 핀 민들레 홀씨를 보다가
환히 웃는 네 얼굴이 떠올라
바람 불면 열 개 스무 개로 퍼져갈 것 같은
네 미소는 역시
꽃을 닮은 게 아니었어

눈 감아도 보이는 너의 마음

이러면 안 되는 거였는데
이제 와서 무슨 소용 있으랴
가슴 쥐어뜯으며 눈물만 흘리다가
문득 정신을 차려 보니
며칠째 계속되는 악몽
옆에서 뒤척이며 잠든 아내 머릿결을
쓰다듬으며 한숨 쓸어내린다

다 큰 딸내미랑 티각태각
말도 안 하고 퉁퉁 부어 있다가
일주일 만에 말문을 텄다
저녁 밥상에 마주 앉은 아내는
한입 가득 밥을 떠 넣다가 건네다 본다
왜?
그냥 예뻐서
자기를 보니 입맛이 도네
천천히 먹어
밥 위에 무장아찌 한 가닥 올려 준다

묵은지

설설 끓는 한낮
뜨거운 냄비 물에 국수 삶아
송송 썬 오이랑 계란 반쪽 얹어
휘휘 저어 후루룩

간이 좀 싱거운가
아차!
묵은지 한 가닥 쭉 찢어 올려서
크게 한입 더 먹으니
콩국수 한 그릇이 뚝딱

라파엘로의 아테네 학당

장래 희망이 뭐야?
공주
그럼 너는?
요구르트 아줌마
한 치의 망설임도 없이 과녁에 명중한 화살의 긴 떨림
순간 어린이집 앞길에서
두 엄마의 눈빛이 예리한 칼날처럼 허공에서 부딪히며
섬광이 번득인다
팽팽한 긴장감 뒤로 밀려드는 급격한 이완감
파안대소
이것이 바로 라파엘로가 아테네 학당에서 두 거장의
손짓으로 말하고자 했던 의미였을까
선사의 죽비 소리 같은 찰나의 깨우침

자기는 꿈이 뭐였어?
이 나이에 꿈은 무슨
그래도 젊었을 땐 꿈이 있었을 것 아냐
그러지 말고 좀 진지하게 말해 봐
예쁜 마누라 만나서 아들딸 낳고 알콩달콩 사는 거
그래서 꿈을 이루었잖아

어련하시겠어요
내가 못 살아 그 아버지에 그 딸이지
핏줄이 어디 가겠어
차라리 공주가 낫지 요구르트가 뭐야
설거지통 그릇 소리는 점점 커지고
아내의 중얼거림이 오늘따라 길어진다
비가 오려나

동창회

작년보다 더 듬성해진 성중이의 속머리
벌써 사위 본 기석이
아들 해병대 입대시킨 창재

만나면 기숙사 생활 이야기
어머니가 큼직하게 떠넣어 주던 수제비 이야기
그땐 그랬지
그래도 그때가 좋았어
자꾸만 뒤를 돌아보면서
흰머리 희끗한 고등학생들이 모여
술잔을 비우고 있다

신혼은 아름다워

횟집 문 앞까지 가서
몇 번이나 가격표를 둘러보며
주머니 속 꼬깃한 만 원짜리 한 장을 만지작거리다가
갓난쟁이 업은 아내 손을 꼭 잡고
말없이 돌아 나왔다

돌아오는 길가 트럭에서
펄펄 뛰는 산 오징어 한 마리
만 원 주고 썰어 돌아와
방바닥에 신문지 깔고 마주 앉아
초고추장 듬뿍 찍어 맛있게 먹었다

엉금엉금 기어 다니는 아들은
방긋방긋 웃는다

신혼은 아름다워 2

엄마 같은 맏언니와 김장 배추 백 포기에
속을 넣었다
냄비에는 돼지고기 익는 김이 모락모락
마당가에 김장 구덩이 두 개를 파느라
송글송글 땀 맺힌 신랑은
연신 벙긋벙긋 웃는다

겨울 내내 먹을 시래기는
덤으로 얻었으니

야간 근무

빈 베개 보며 뒤척이다
까무룩 잠든 아내의 숨소리는 조용해졌겠네
벽시계도 자정을 숨죽이며 넘어간다
이불 저만치 걷어차고 웅크리고 있을
딸내미 잠자리는 누가 봐주었을까

날이 밝아오려면 아직도 너댓 시간
애꿎은 믹스커피만 벌써 몇 잔째

연체된 보험금 독촉장은 아내에게 보이지 않았다
월급날을 꼽아 보니 아직도 보름 남짓

어머니

글쎄,
제가 다 알아서 할 테니
걱정 마시라니까요
그래도 부모 맘은 그게 아니란다

잠결에 어머님 목소리가 들려
방문을 열어 보니
거실에서 아내와 아들이
티격태격하는 소리

너희들 먹고 싶은 거나 사 먹지
뭘 이런 걸 사와?
어버이날 애들의 선물을 받으며
쑥스럽게 하는 말

예전에
어머니가 하던 말을 그대로 따라하고 있었다

주름살

아이구
그 곱던 얼굴에 벌써 이렇게 주름이 생겨 버렸구만
자기는 모르는구나
사랑 하나에 주름 한 줄이래
정말?
그래서 장모님 얼굴에 그렇게 주름살이 많았구만
그럼!
아버지가 엄마를 얼마나 사랑했는데
활짝 웃는 아내 눈가에
주름 하나 또 잡힌다

낙 화

산들바람아
나를 인도하렴
민들레와 제비꽃이 기다리는 곳으로
나는 앞서 온 자이니
내가 가야 아직도 미망에 사로잡힌 그들도
올 수 있으니

나는 그저 앞서 온 자일 뿐이니
기다리지 마라
잊지도 마라
네가 함께해야 할 것은 내 향기와 빛깔이 아니라
너의 푸르름과 열매라는 것을

해가 지고 밤이 와도
내가 잊혀지지 않거든
밤하늘의 달과 별을 보렴
저 달과 별 속에 네 그리워하는 모습들이
다 있지 않느냐

그 그리움이 맺히고 또 맺힐 즈음이면
네 곁에는 문득
또 다른 내가 다가와 있을 것이니

다시 수건을 접으며

소파에 비스듬히 누워
텔레비전 리모컨 돌리기에 바쁘다
아내도 바쁘다
설거지를 하다 말고 앞 베란다로 나가
세탁기 빨래를 거실 바닥에 꺼낸다

마른 수건이랑 속옷들을
소파로 던지고
빨래를 털어 너는 소리가 파도처럼 점점 높아져
슬며시 소파 위의 수건을 당겨서
접는다

재경창원기계공고 동문 송년회
기찻길 갈빗살집
근로자의 날 단합대회
까치배드민턴클럽 회장 이취임식
연합회장기 친선 탁구대회
기념 수건들

이 수건들이 내 땀을 닦아 주었구나
저 빨래를 널고 있는
젖은 마음도 닦아 주었으면

죽비 소리

잔액이 부족합니다
현금 지급기에서 울리는 목소리

몰래 들어왔다가
흔적만 남기고 빠져나간 통장 잔고

구름 모양까지
ㄱ ㄴ ㄷ
학원비 등록금

흐드러지게 핀 저 벚꽃은
어떻게 해마다 끝없이 솟아날까

돌고 돈다고 돈이라더니
이렇게 들어왔다 돌아 나간다는 소리인가
저 꽃은 내년에도 또 필 테지

학교 앞 산책 길

깡총하게 줄여 입은 교복 치마
볼연지에 빨간 립스틱
제법 어른 흉내를 낸 여중생들
무에 그리 좋은 게 있다고
빨리 어른이 되고 싶어 하는지

손거울 보며 꼬리빗으로
연신 앞머리를 빗어 내리며
까르르 까르르
톡톡 터지는 웃음들

왜? 부러워서
얼마나 예뻐들
자꾸만 뒤를 돌아보는
아내의 거친 손을 꼭 쥐어 준다

휴일 오전

해가 중천 소파에 누워 뒹굴뒹굴
하릴없이 TV 리모컨만 이리저리 돌린다
아내는 언제 오려나
정오가 다 되어 부스스 일어난 아들
엄마는? 알바 갔지
배고파
나도
짜장면 시켜 먹을까
난 짬뽕
아침에 차려 놓은 밥상 위 오색 식탁보만
예쁘다

아버지와 소

새벽이슬 가시지 않은 논둑에 나가
쇠꼴 한 짐 그득 베어 외양간에 던져 주고
아침밥을 먹었다
굽이굽이 시오리 길을 걸어
한 마리 남은 누렁이를 읍내 소 시장에 내다 팔았다
올 봄 내내 논밭일을 도맡아 하느라
엉치뼈만 앙상한 뒷모습이 측은해 뵈

주막에서 푸념 어린 막걸리 한잔할 즈음
전대에 든 돈은 머릿속에서 바닥나 버렸다
세 번이나 독촉장 날아온 농협 이자에
아침마다 월사금 달라고 보채던 막내놈 얼굴도 떠올라
빌어먹을,
할멈 신경통 약도 두어 첩 지었으면 좋으련만

내년 봄 논일을 누가 다 해내나
올 가실 매상 내어 또 한 마리 사얄텐데
내일 아침부터는 이슬 젖은 논둑에 나가지 않아도
되겠고나
초복을 넘은 해가 서쪽 산에 두어 뼘 걸렸다

3부

삶의 의미에 대해 답하다

새벽 출근길

아파트 주차장에 노란 은행잎들
새벽같이 쓸고 계신다
예쁜데 왜 다 쓸어 버리세요
자네는 이것들이 보기 좋은가
허허
나한텐 일일세
경비 아저씨의 무릎 새로
한숨 같은 바람이 쑤시고 휘돌아간다

삶의 의미에 대해 답하다

노란 배추꽃에 하늘하늘
배추나비 앉는다

뭐 하고 계세요?
오매 우리 사우 왔는가
텃밭 구경하시던 장모님 주름이
활짝 펴진다

내 살아 보니 별거 없더라
아웅다웅하지들 말고
하고 싶은 거 하면서 살아
애기 머리 쓰다듬듯
쓰다듬어 주신다

저 나비처럼 하늘 높이 날아가고 싶은
장모님

서울 예수의 죽음

서울의 예수[1]는
한강에서 낚시를 하다가 죽었다 한다
신문에도 나지 않은 서울 예수의 사망 소식을
정호승이 달려와 알려 주어
그 말을 믿고
나는 무신론자로소이다라고 외치고 다니다가
영등포 경찰서에 경범죄 처벌법 위반 혐의로
하룻밤을 새고 벌금 5천 원을 물고 나왔다

보호소 문을 열어 주던 간수의
틀니가 보이는 옆얼굴이
벤허에서 보았던 예수의 얼굴과 닮아
고개를 갸웃거렸다

---

1. 정호승, 「서울의 예수」, 『서울의 예수』, 민음사, 1984, p.45.

사랑의 열역학 법칙

부모와 자식 간에 에너지 보존의 법칙이 성립할까
네 새끼 낳아서 키워 봐라
어머님이 하시던 말씀이 정답이었는데
그때는 알려 줘도 몰랐지

부모와 자식 간의 사랑은 열역학 제2법칙대로
흐른다
고립계에서 비가역적인 엔트로피의 증가
비가역?
엔트로피?
그냥 폭포가 위에서 아래로 떨어지는 것과 같은 것이라고
생각하자
부모에서 자식에게로만 무한히 흐르는

그런 부모의 사랑도
열역학 제3법칙대로 마무리되겠지
죽음이라는 절대0도에서 멈출 수밖에 없으니까
저세상에서 지켜보고 있을 부모님의 사랑은
열역학 법칙을 적용할 수 없는
무한의 개방 공간

24시 황소 꼼장어집

지난주도 한 대가리밖에 못 했는데
빌어먹을 비 땜에 오늘도 공쳤네
꼼장어구이 한 접시에 소주만 두 병째

11번 마을버스 첫차가 방금 지나갔으니
벌써 다섯 시 반인가
날 새기 전에 들어가야 될 텐데
마누라한테 뭐라고 해야 하나

옆 테이블 보도방 도우미들 시끄러운 소리에
괜한 가자미눈 한번 흘기고는
이모
여기 소주 한 병 더!

개 미

아침에 간 길로 저녁에 되돌아오고
어제 하던 일을 오늘도 하고
오늘 만난 사람을 내일도 만난다.
낯선 길은 위험해
낯선 사람은 무서워
촉수를 예리하게 다듬어
스마트폰은 항상 켜 놓자
언제 어디서나 접속되어 있어야 해
스마트폰이 꺼지는 순간
완전히 고립된 신세야
의심 따위는 집어치워

줄을 서 순서대로
이 길에는 신호등도 교통경찰도 필요 없어
그냥 앞선 사람을 무작정 따라가
의심 같은 것은 던져 버려
가고 가고 가다 보면
우리가 원하는 곳에 도착할 거야
네 의지 같은 건 생각하지 마
우리는 그냥 개미야

노루목

세월 지나가는 노루목을 눈 부릅뜨고 지키다가
펄펄 열이 끓는 애기 들쳐 업고 새벽 응급실 다녀오는
사이
봄여름 지나 있었고
전세금 맞추러 이리저리 뛰어다니다 보니
가을도 저만치 서산에 걸렸다

빈손 털며 돌아오는 마당가 감나무 끝에
까치밥 두어 개가 찬바람에 위태롭다

내가 읽은 책과 세상

세상을 읽기 위해 책을 읽는데
내가 읽은 책과 세상[1]을 사 놓고
읽지 못했다
다른 책들 사이에 끼어
따돌림을 당하는 애처로운 소리도
들어 주지 못해
미안했다

10년 만에 책을 꺼내 읽었다
김훈이 펴낸 첫 책이라는데
오랫동안 숙성시켜서 그런지
알차게 여문 시들이 꽉꽉 차 있었다
신경림 박제천 하재봉 곽재구 황지우
허수경 이성부 이문재
그리고

변방의 정거장에서 기웃거리며[2]
희망 없는 세상에서 절망의 몸짓으로
희망을 노래하는

기형도가
있었다

김훈은 난감한 중년의 가을을 말하지만
내가 읽은 책과 세상을 읽는
중년의 가을은 난감하지 않았다

---

1. 김훈, 『내가 읽은 책과 세상』, 도서출판 푸른숲, 2007.
2. 위의 책, p.200.

닫힌 문

아이들이 커가면서 방들도 함께 나이를 먹는다
나이테처럼
벽과 문들은 점점 두꺼워진다
언제부터인가 굳게 닫힌 문 안에서
아이들은 숨어서 커간다
간섭하지 마
날 좀 내버려 둬

방문 앞에서 몇 번을 서성이다
닫힌 문을 조심스럽게 두드린다
밥 먹어

김광석의 이등병의 편지를 불러 주고
군대 간 2년 동안
차마 닫지 못해 열어 두었던 아들놈 방도
꼭꼭 문이 닫힌 채 인기척이 없다
밥들 먹으라니까

달팽이의 비애

언제나 저기에 닿으려나
물과 그늘이 있는 저 곳
토란대에 달팽이 한 마리
아득한 잎을 향해 고개를 든다

비가 오려나
달팽이들이 나오는 걸 보니
밭 마실 나온 할머니
후두둑 쏟아지는 빗방울에
토란대 꺾어 머리 위에 받친다

대림동 성모병원 501호

할아버지는 어디서 왔더래요
흥룡강성에서 왔시요
나는 길림성에서 왔는데
여기 있는 우리도 중국에서 왔으니께
그럼 우리는 모도 다 한 동포네요
간병인 아줌마 웃음소리 세 개가
까르르 병실 밖으로 굴러간다

뒷목 뻐근해서 이틀째 혼자 누워 있는
나만 이방인

마부위침

한 권 읽고 나서
마음 모서리 둥글게 갈고
또 한 권 읽고 나면
마음 주름 펴 늘이고

십 년을 갈고닦았는데
마음은 둥글어지지 않고
찔릴 듯 뾰족해진 바늘 같은 마음만

아뿔싸,
마부위침
십 년 공부 도로아미타불

비둘기의 변절

누가 변절과 배신을 말하는가
우리는 한 번도 원한 적 없다
올리브 가지를 물고 우아하게 하늘을 나는 모습을

저항은 조용히 시작되었다
끈끈한 연대 속에 이루어진 지속적인 항거
수많은 희생을 치르면서도 그치지 않았던
사과와 배 밭을 향한 집요한 공격은
우리의 정당한 요구를 전달하기 위한 최소한의
수단이었을 뿐

마침내 쟁취했다
인간이 덧씌운 굴레에서 벗어나
유해야생조류라는 또 다른 이름의 자유와 평화

창공을 버리고
인간의 먹이를 탐하며 어슬렁거리는 비굴함을
탓하지 마라
쓰레기더미를 뒤지는 용기도 스스로의 선택이니

이제는 둥지를 지어야 하는 수고로움마저
떨쳐 버리고
비가 내리면 처마 밑에서
젖은 날개를 말리고
어둠이 오면
다리 밑으로 들어가 잠들면 그뿐

나는 비로소 자유다

백구두

백구두에 노랑머리 멋쟁이 할아버지
하늘로 가셨다네
남사스럽게 노인네가 춤바람 났다고
할머니 지청구에도
허허 웃던 할아버지

내가 안 아파야 병상의 할머니
오래오래 보살피지 않겠냐고
땀 뻘뻘 흘리면서 스텝을 밟던
할아버지

백구두만 남겨 두고
훨훨 춤추며 하늘로 가셨다

아버지

평생 망건 갓 차림이던 아버지
팔순 즈음 가실 때에도
늦둥이 아들은 어미 치맛자락 붙잡고
눈만 껌벅거렸다

입 줄이러 형 누나들
머슴 식모 떠나고 나서
막내 차지로 남은 지게 하나

잊은 듯 고개 돌리며 살아왔는데
서리 낀 거울 속에
오십 줄 넘은 아버지 얼굴이
추레하게 서 있다

아파트

삼각형 오각형은 불안해
육각형 팔각형은 어지러워
사각형은 안정적이야
사각형이 좋아

그래서 사는 곳도 사각형이야
판상형 사각형 타워형 사각형
23평 사각형 33평 사각형 43평 사각형
안에서 봐도 밖에서 봐도 언제나 사각형
여기서는 마음도 사각형이야
거리를 다닐 때면 조심해야 해
마음 모서리가 사람들에게 부딪히지 않도록

사각형 집은 수리하기도 좋아
모서리가 닳으면 부숴 버리고
다시 지으면 되니까

엘리베이터

문이 닫힙니다
올라갑니다

머쓱하게 멀뚱멀뚱
광고판만 바라본다
어둠보다 짙은 침묵이
길게 이어진다

안녕히 가세요
아이의 인사 소리에
안내하는 아가씨가
활짝 웃는다

문이 열립니다!

작심삼일

진급 축하해 그동안 고생 많았어
후배한테 축하 문자 한 통 보내고
옥상으로 올라가
담배 한 대 빼문다

이번에도 미끄러졌구나
벌써 몇 번째인가
이거 원 챙피해서
이젠 때려치워야 하나

뭉게뭉게 담배 연기 사이로
아내와 새끼들 얼굴이 피어난다

올해도 담배 끊기는
또
글렀나 보다

청첩장

조카의 딸이 결혼한다는 청첩장을 받고
그런가 보다 했는데
가만히 따져 보니 손주가 결혼하는 셈이네
벌써 손주가 결혼이라니
너무 오래 살았나
나이 오십 중반에

요즘 들어 엄마 등에 업힌 애기
손잡고 아장거리는 애들이 그리 예뻐 보이더라니
애기들이 예뻐 보이면 늙어 간다는 표시라던데

편의점

편의점에는 시계가 필요 없다
24시간 내내 열려 있는 이곳에서
시간은 의미 없는 존재
바뀌는 것이라곤
카운터를 지키는 알바생과 주인 내외의 근무시간

모두들 잠든 시간에도
불은 밝혀야 한다
도시의 등대
잠시 쉬어 가는 철새들처럼
새벽 취객이 가게 밖 의자에서
잠시 졸다 가시라고

휴가 연습

부시시 일어나면 해는 중천
아이들과 아내는 나가고 집은 고요하다
스마트폰과 TV 리모컨으로 연결되어 있던 마지막
통신선을 차단하였다
퇴로는 없다
이곳이 내 세계의 전부다
식은 밥을 대충 먹고
책 보다 졸리면 자고
책 보다 졸리면 자고
며칠을 그렇게 집 안에 감금시켰다
지루하지 않느냐고 묻는다

뭐가 지루해
이렇게 하는 일 없이 하고 싶은 일 하려고
일하는 건데
말은 그렇게 했지만
힘들게 쉬었다
쉬는 것도 노는 것도 연습이 필요하다
사는 것도 그럴 수 있었으면